Poemas de

FEDERICO GARCÍA LORCA

ILUSTRADOS POR GABRIEL PACHECO

Canción tonta

Mamá.
Yo quiero ser de plata.

Hijo,
tendrás mucho frío.

Mamá.
Yo quiero ser de agua.

Hijo,
tendrás mucho frío.

Mamá.
Bórdame en tu almohada.

¡Eso sí!
¡Ahora mismo!

semilla dulce
lágrima verde
flor de fruta

El lagarto está llorando

A mademoiselle Teresita Guillén
tocando un piano de siete notas

El lagarto está llorando.
La lagarta está llorando.

El lagarto y la lagarta
con delantalitos blancos.

Han perdido sin querer
su anillo de desposados.

¡Ay, su anillito de plomo,
ay, su anillito plomado!

Un cielo grande y sin gente
monta en su globo a los pájaros.

El sol, capitán redondo,
lleva un chaleco de raso.

¡Miradlos qué viejos son!
¡Qué viejos son los lagartos!

¡Ay cómo lloran y lloran,
¡ay!, ¡ay!, cómo están llorando!

Cancioncilla sevillana

A Solita Salinas

Amanecía
en el naranjel.
Abejitas de oro
buscaban la miel.

¿Dónde estará
la miel?

Está en la flor azul,
Isabel.
En la flor,
del romero aquel.

(Silla de oro
para el moro.
Silla de oropel
para su mujer.)

Amanecía
en el naranjel.

MARIPOSA

Mariposa del aire,
qué hermosa eres,
mariposa del aire
dorada y verde.
Luz del candil,
mariposa del aire,
¡quédate ahí, ahí, ahí!...
No te quieres parar,
pararte no quieres.
Mariposa del aire
dorada y verde.
Luz del candil,
mariposa del aire,
¡quédate ahí, ahí, ahí!...
¡Quédate ahí!
Mariposa, ¿estás ahí?

La Tarara

La Tarara, sí;
la Tarara, no;
la Tarara, niña,
que la he visto yo.

Lleva mi Tarara
un vestido verde
lleno de volantes
y de cascabeles.

La Tarara, sí;
la Tarara, no;
la Tarara, niña,
que la he visto yo.

Luce mi Tarara
su cola de seda
sobre las retamas
y la hierbabuena.

Ay, Tarara loca.
Mueve la cintura
para los muchachos
de las aceitunas.

Vals en las ramas

Cayó una hoja
y dos
y tres.
Por la luna nadaba un pez.
El agua duerme una hora
y el mar blanco duerme cien.
La dama
estaba muerta en la rama.
La monja
cantaba dentro de la toronja.
La niña
iba por el pino a la piña.
Y el pino
buscaba la plumilla del trino.
Pero el ruiseñor
lloraba sus heridas alrededor.
Y yo también
porque cayó una hoja
y dos
y tres.
Y una cabeza de cristal
y un violín de papel
y la nieve podría con el mundo
una a una
dos a dos
y tres a tres.
¡Oh duro marfil de carnes invisibles!
¡Oh golfo sin hormigas del amanecer!
Con el numen de las ramas,
con el ay de las damas,
con el croo de las ranas,
y el geo amarillo de la miel.
Llegará un torso de sombra
coronado de laurel.
Será el viento para el viento
duro como una pared
y las ramas desgajadas
se irán bailando con él.
Una a una
alrededor de la luna,
dos a dos
alrededor del sol,
y tres a tres
para que los marfiles se duerman bien.

Los reyes de la baraja

Si tu madre quiere un rey,
la baraja tiene cuatro:
rey de oros, rey de copas,
rey de espadas, rey de bastos.

Corre que te pillo,
corre que te agarro,
mira que te lleno
la cara de barro.

Del olivo
me retiro,
del esparto
yo me aparto,
del sarmiento
me arrepiento
de haberte querido tanto.

Escuela

MAESTRO
¿Qué doncella se casa
con el viento?

NIÑO
La doncella de todos
los deseos.

MAESTRO
¿Qué le regala
el viento?

NIÑO
Remolinos de oro
y mapas superpuestos.

MAESTRO
Ella ¿le ofrece algo?

NIÑO
Su corazón abierto.

MAESTRO
Decid cómo se llama.

NIÑO
Su nombre es un secreto.

*(La ventana del colegio tiene
una cortina de luceros.)*

El niño mudo

El niño busca su voz.
(La tenía el rey de los grillos.)
En una gota de agua
buscaba su voz el niño.

No la quiero para hablar;
me haré con ella un anillo
que llevará mi silencio
en su dedo pequeñito.

En una gota de agua
buscaba su voz el niño.

(La voz cautiva, a lo lejos,
se ponía un traje de grillo.)

Caracola

A Natalita Jiménez

Me han traído una caracola.

Dentro le canta
un mar de mapa.
Mi corazón
se llena de agua
con pececillos
de sombra y plata.

Me han traído una caracola.

Paisaje

A Rita, Concha, Pepe y Carmencica

La tarde equivocada
se vistió de frío.

Detrás de los cristales,
turbios, todos los niños,
ven convertirse en pájaros
un árbol amarillo.

La tarde está tendida
a lo largo del río.
Y un rubor de manzana
tiembla en los tejadillos.

BIOGRAFÍA

Federico García Lorca nació el 5 de junio de 1898 en Fuente Vaqueros, Granada. Hijo de un hacendado, Federico García, y de una maestra, Vicenta Lorca, Federico fue el mayor de cuatro hermanos. Su madre le enseñó las primeras letras y a tocar el piano. Con las mujeres de su casa y de su pueblo aprendió romances y coplas, y el habla popular entreverada de dichos, de gracia y duende. Desde temprana edad mostró grandes dotes para la canción popular.

En 1915 empieza a estudiar Filosofía y Letras, pero no llega a terminarla. Tiempo después, ante la insistencia familiar, se licenció en Derecho en la Universidad de Granada, y posteriormente realizó viajes por España con sus compañeros de estudios. En El Rinconcillo, tertulia de los artistas granadinos, conoció al compositor Manuel de Falla, que ejerció una gran influencia en él y le transmitió su amor por el folclore. La pasión de Lorca por la canción popular, el cante jondo y las nanas, le llevó a realizar una intensa labor de recopilación por toda España, que después divulgó en deliciosas conferencias.

En 1919 se traslada a Madrid, a la Residencia de Estudiantes, donde conoció a Juan Ramón Jiménez y a Antonio Machado, y trabó amistad con los artistas Buñuel y Dalí. Además compartió lecturas y amistad con Aleixandre, Cernuda, Salinas, Guillén y Diego, «la joven literatura», hoy reconocida como generación del 27.

Publicó su primera obra en verso, *Libro de poemas*, de influencia modernista, en 1921. Quizás lo más novedoso en ella sea la utilización de canciones infantiles.

El primer reconocimiento literario le llegaría en 1927 con la publicación de *Canciones*, deudora del cancionero popular, y con las representaciones en Madrid del drama patriótico *Mariana Pineda.*

Con su *Romancero gitano* (1928) obtuvo un éxito fulgurante. Es el libro «más triunfal» del siglo XX, en el que se funden lo popular y lo culto, lo mítico andaluz y el acento gitano. Formalmente, Lorca consiguió un lenguaje personal, inconfundible, a base de combinar las formas populares con audaces metáforas, y con una estilización propia de la poesía más pura.

Tras este éxito, viajó a Cuba y a Nueva York. En esta ciudad desmesurada residió como becario durante el curso 1929–1930. Las impresiones de su estancia en NY y en Vermont se concretaron en *Poeta en Nueva York* (publicada póstumamente en 1940) como un canto angustiante, con ecos de denuncia social, contra la civilización urbana y mecanizada. Las formas tradicionales de anteriores obras dan paso a visiones apocalípticas y a imágenes oníricas de corte surrealista, si bien dentro de la poética personal de Lorca.

A su regreso a España, en 1930, se había instaurado la Segunda República, que trajo consigo un periodo de intensa actividad cultural. Lorca se incorpora con alegría al nuevo régimen, y participa en la creación y dirección de La Barraca, compañía estatal de teatro universitario que llevó el teatro clásico a los pueblos más apartados del país.

En 1931 publica *Poema del cante jondo,* una obra de estilo popular, poesía «natural, breve y seca», que Lorca compuso con ocasión del famoso Concurso de Cante Jondo que Falla y él organizaron en Granada a mediados de junio de 1922; y que serviría para inaugurar su faceta de conferenciante.

Sus últimas obras son piezas teatrales: *Yerma* (1934), verdadera tragedia al modo clásico, incluido el coro de lavanderas, y *Bodas de Sangre* (1933), drama de la novia arrepentida. Estas dos obras significan la culminación de su trayectoria como autor dramático y son dos de las piezas más importantes del teatro español de todas las épocas.

En los últimos años de su vida, consagrados al teatro, publicó dos libros de poesía: *Diván del Tamarit,* homenaje a los poetas árabes de Granada, que ve la luz póstumamente, en 1940, y *Llanto por Ignacio Sánchez Mejías* (1936).

Al estallar la Guerra Civil en 1936, Lorca rechazó ofrecimientos para salir del país y volvió a su Granada, donde falleció en la mañana del 19 de agosto de 1936, en el Barranco de Viznar, cerca de la Fuente de las Lágrimas.

Tenía 38 años...

ELEGÍA DE LA IMPOSIBILIDAD

¿De dónde vienen sus palabras?, me pregunté al leer a Lorca. ¿Y cómo saberlo? Si todo parece que proviene de lugares que no tienen un lugar. Entonces fue como si quedara ciego y lleno de nostalgia.

Cuando empecé a hacer apuntes para ilustrar este libro, hice solo uno, pero no lo dibujé, no supe cómo. Cerca de donde yo vivía, sobre una avenida desolada, un muro de unos tres metros, yermo, sin recoveco alguno, se postraba enhiesto con su gris sobre la vereda. Siempre veía esa pared. Un día me percaté de que una rama brotaba ahí, no detrás ni delante, sino sobre su verticalidad: era hermoso. No se podía distinguir cómo es que se alzaba o cómo es que una semilla se había alojado en ese llano. Sin embargo crecía ahí. Era como si un niño jugando, o tal vez soñando, hubiera dejado un pequeño brote de árbol para asombrarnos. Tal vez para cobijarnos.

Pensé entonces en Lorca, en la espléndida fecundidad de lo imposible, y también pensé que necesitaría dos vidas para siquiera poder bocetar algo.

El sueño, el deseo, el anhelo, el recuerdo, la muerte. ¿Cómo dibujar estas semillas? Lo que nunca cesa, lo que no termina de despedirse, lo inmarcesible de la vida. Solo pude tantear como un ciego y dibujar lo que me pudiese quedar en la mano. No sé si hubiese sido posible otra cosa. Lo intenté y resultaron imágenes improbables, inciertas. Después sus escenas (las de los poemas), hermosamente alegres y trágicas a la vez, nos fingen tan completamente que pareciesen una magnífica obra de teatro. Eso pensé, e inventé estos escenarios escasos.

Ahora pienso que sus palabras son una hermosa elegía de la imposibilidad porque, ante el muro de lo incesante, el deseo son esas ramas que pueden crecer. No importa cuán baldío sea todo. ¡Cuánta frondosidad!

Un niño abandonado, el tiempo enhebrado que nos teje, la mariposa del amor (que siempre nos abandona), las hojas de lluvia que mojan, el otoño, la mujer, el viento que se llevará la luz, su libélula azul, sus lagartos enamorados.

Tal vez las palabras de Lorca vengan de un niño, que con los ojos atados, nos alumbra y nos muestra esa nostalgia anudada a la noche que pronto se irá.

Gabriel Pacheco

Para Mónica S.
y todo lo que me enseñó a ver.

G. P.

Selección poética de Manuela Rodríguez y Antonio Rubio

Houghton Mifflin Harcourt Edition

Printed in the U.S.A.

ISBN 978-1-3285-0542-2

3 4 5 6 7 8 9 10 0607 27 26 25 24 23 22 21 20 19

4500772913 A B C D E F G